Ángel de Saavedra. Duque de Rivas

Arias Gonzalo

Barcelona **2024**
Linkgua-ediciones.com

Créditos

Título original: Arias Gonzalo.

© 2024, Red ediciones S.L.

e-mail: info@linkgua.com

Diseño de cubierta: Michel Mallard

ISBN tapa dura: 978-84-1126-038-1.
ISBN rústica: 978-84-9816-054-3.
ISBN ebook: 978-84-9897-122-4.

Sumario

Brevísima presentación

La vida

Duque de Rivas, Ángel de Saavedra (Córdoba, 1791-Madrid, 1865). España.

Luchó contra los franceses en la guerra de independencia y más tarde contra el absolutismo de Fernando VII, por lo que tuvo que exiliarse en Malta en 1823. Allí leyó obras de William Shakespeare, Walter Scott y Lord Byron y se adscribió a la corriente romántica con los poemas El desterrado, El sueño del proscrito (1824), y El faro de Malta (1828).

Regresó a España tras la muerte de Fernando VII heredando títulos y fortuna. Fue, además, embajador en Nápoles y Francia.

Arias Gonzalo

Esta obra relata un suceso del medioevo, tras el asesinato del rey Sancho II, Diego Ordóñez de Lara pronunció ante la muralla de Zamora el famoso reto que narran los romances «quien a traidor sostiene es traidor como el que la faze».

Arias Gonzalo replicó que según la ley caballeresca, quien desafía a una población debe luchar contra cinco hombres, uno tras otro. Y si los vence a todos, su opinión prevalecerá. Pero si uno de los cinco le vence, será desmentido. Arias Gonzalo preparó a cuatro de sus hijos para el combate y el menor de ellos exigió el honor de ser el primero. El joven Pedro Arias salió al campo y tras varias horas de combate, en que luchó con bravura, murió. Ordóñez exigió a Arias Gonzalo que le enviara otro hijo. Diego Arias fue el segundo. Luchó con arrojo, pero también murió a manos de Ordóñez, quien de nuevo exigió otro adversario. Rodrigo Arias, muy experimentado en justas y torneos, corrió la misma suerte. Al morir, hirió al caballo de Diego Ordóñez, que se dio a la fuga.

Tras regresar, a pie, para combatir con el cuarto hijo de Arias Gonzalo, los jueces del combate no lo permitieron, y quedó el desafío en tablas, ya que aunque Rodrigo Arias había muerto, Diego Ordóñez había sido llevado fuera del campo por su caballo herido.

Así se preservó el honor del pueblo de Zamora.

Personajes

Arias Gonzalo, su ayo y consejero y padre de Pedro Arias, Diego Arias,
Caballeros zamoranos
Comparsas
Damas de la infanta
Don Diego Ordóñez de Lara, caballero castellano
Gómez, paje de la infanta
Gonzalo Arias
Guardias
Infanta doña Urraca, señora de Zamora
Pajes de la infanta
Regidores de Zamora

Acto I

(La escena es en un salón del alcázar de Zamora, con dosel al fondo, y a un lado, un sillón y mesa con recado de escribir. La acción empieza a media mañana y concluye antes de anochecer.)

Escena I

(La Infanta y Arias.)

Infanta (Aparece sentada junto a la mesa, y al ver entrar a Arias se levanta y va hacia él.)

<blockquote>

¡Anheloso tu vuelta deseaba
mi inquieto corazón, Arias Gonzalo!...
¿Escuchó el rey tu voz y el ruego mío?
¿Traes a Zamora paz y a mí descanso?

</blockquote>

Arias

<blockquote>

No, señora; pues sordo a las razones
y a la justicia vuestra, el rey don Sancho
solo de la ambición el grito escucha,
olvidando, feroz, que es vuestro hermano.
Ni paz ni tregua admite. Guerra y muerte,
y sangre y exterminio está anhelando.
Vuestro mensaje oyó como pudiera
propuestas viles de traidor engaño,
y sin dejarme hablar en nombre vuestro,
cual varias veces pretendió mi labio,
«Arias, no os detengáis; tornad, me dijo,
y a la infanta decid que intenta en vano,
desarmarme con ruegos y plegarias,
de su corto poder indicios claros.
Que o me entrega a Zamora en este día,
o antes que el Sol se esconda en el ocaso
verá a mis invencibles escuadrones
dar a sus muros vencedor asalto.»

</blockquote>

No me habló más; alzóse de su silla,
y una mirada de furor lanzando,
volvió la espalda, y ordenó a los suyos
que al punto me arrojaran de su campo.

Infanta   ¿Un rey..., un caballero, injusto, aleve,
así rompe la fe de los contratos?
¿Así comete tan atroz perjurio?
¿Mi herencia respetar no juró en manos
de nuestro padre? ¿Así la voz desoye
de honra y de religión; el grito santo
de la sangre no escucha, ni le mueve
de una infeliz mujer el ruego y llanto?

Arias   No pudieron jamás los juramentos
enfrenar el furor de los tiranos,
ni un pecho que ambición enseñorea
de sangre o de amistad guardó los pactos.
Cual juró, al aprobar el testamento
de vuestro padre, que murió en mis brazos,
respetar vuestra herencia y la de Elvira,
juró también el fementido Sancho
de León y Galicia las coronas
en las frentes dejar de sus hermanos.
¿Y cómo lo cumplió?... ¿Cómo? ¿No vimos,
apenas de Castilla tomó el mando,
despojar de León, con cruda guerra,
a don Alfonso; y luego, encarnizado,
robar su trono al joven don García,
el reino de Galicia encadenando?...
¿Por qué ha de ser leal con voz, señora,
quien no lo fue con los demás hermanos?

Infanta   Ellos reinos extensos poseían;

mas yo a Zamora solo...

Arias   El tener algo
es para el ambicioso harto pretexto.

Infanta   Ni mi triste orfandad y desamparo
mueven su corazón.

Arias   Al que se goza
en mirar sin piedad a sus hermanos,
uno a merced del moro de Toledo,
un mal seguro asilo mendigando;
otro, en las hondas cavas de un castillo
la amarga vida sustentar, cargado
de miseria y de hierros..., ¿de su hermana
podrá ablandarle el congojoso llanto?

Infanta   ¿Y qué resta que hacer a esta infelice,

Arias   Resistir, resistir.

Infanta   Cerco tan largo
desfallecida ya tiene a Zamora.

Arias   Pero aún tiene valor.

Infanta (Abatida.)   ¿Y podrá, al cabo,
dejar de sucumbir? ¿Quién socorrernos?

Arias (Con firmeza.)   El Cielo, aterrador de los tiranos,
y los hombres también. No, no es tan firme
cual juzgáis el poder del rey don Sancho.
El reino de León no está seguro;
a su joven monarca aún no ha olvidado

el reino de Galicia; el sarraceno,
viendo la desunión de los cristianos,
apercibe sus huestes; y, celoso
del poder de Castilla, a sus vasallos
arma el rey de Aragón; la hermana vuestra,
doña Elvira, también, que amenazado
ve su alcázar de Toro, por la espalda
temor ofrece al enemigo campo.
Ni satisfecho de los suyos mismos
está el usurpador. Cuantos hidalgos
le siguen, con despecho sus perjurios
oí miran y su ambición, y el desacato
que contra las cenizas de su padre
comete persiguiendo a sus hermanos.
Rodrigo de Vivar, ese guerrero,
de España honor, de la morisma espanto,
le sigue; mas juró que en esta empresa
no le dará el auxilio de su brazo.
Diego Ordóñez de Lara, a quien prudencia
aún no dio la carrera de los años,
es el solo esforzado caballero
que con celo y ardor sirve a don Sancho.

Infanta   A pesar de esperanzas tan risueñas,
el sitio se prolonga, Arias Gonzalo,
y más y más se estrecha cada día.
Y al ver a mis valientes zamoranos
sufrir por mí tan dilatada guerra
y por mí perecer en los asaltos
de un monarca que al fin puede oprimirlos
el vengativo encono provocando,
mi valor y constancia desfallecen,
y siento el corazón hecho pedazos.

Arias   Mal a Zamora conocéis, infanta;
               poco el yugo terrible...

Escena II
Los mismos y Gómez

Gómez   Acompañado
               de los capitulares y otros nobles,
               el alcaide Pedro Arias quiere hablaros.

Infanta   No se detenga, pues.

(Vase Gómez.)

Escena III
Infanta y Arias

Infanta   ¡Cielos!... Sin duda,
               harta Zamora de infortunios tantos,
               viene a pedirme un término a sus males.
               Lo tendrá, que mi pecho no es de mármol.
               Por mí bastante han hecho mis valientes.
               Yo el juramento de lealtad les alzo.

Arias   ¿Qué decís? ¿Qué pensáis? Cuando Pedro Arias,
               cuando el alcaide de estos muros,
               cuando un hijo mío, en fin, a la cabeza
               de la ciudad y pueblo zamorano,
               a vuestras plantas viene, ¿por ventura
               viles propuestas os traerá...? Me pasmo
               de que lo imaginéis.

Escena IV
Infanta, Arias, Gómez, Pedro, Diego, regidores y caballeros

Pedro   Infanta egregia,
                 a quien la fiel Zamora con aplauso
                 universal por su señora aclama,
                 y a quien fidelidad, libre, ha jurado,
                 permitid al alcaide de estos muros
                 y a los capitulares zamoranos
                 que os manifiesten dudas que atormentan
                 la lealtad ir el amor de estos vasallos.

Infanta
(Con gravedad.) ¿Dudas?... Y ¿cuáles son? Decid, alcaide.

Pedro   Esta ciudad, resuelta a conservaros
                 la lealtad que os juró, la independencia
                 y el don de vuestro padre, y contemplando
                 cual su mayor ventura obedeceros,
                 vio sin pavor las huestes de don Sancho,
                 de León y Galicia asoladoras,
                 cubrir ufanas los vecinos campos.
                 El horrendo alarido de la guerra
                 heroica indignación, no torpe espanto,
                 despertó en los valientes habitantes
                 de esta vuestra ciudad; y el grito alzando,
                 repeler la usurpación injusta,
                 con gloria morir todos juraron.
                 Estrechóse el asedio; enfurecido
                 el monarca soberbio castellano,
                 contra Zamora fiel apresta ingenios
                 y da a sus muros repetido asalto.
                 Mas ellos son imperturbable escollo,
                 do su loco furor halla el naufragio.
                 Cuatro lunas, señora, nos han visto
                 lidiar y no ceder; y ciento aguardo

que admirarán nuestro denuedo y brío,
por vos con gloria y con tesón luchando.
Siendo tal de Zamora la constancia,
y la inmutable decisión, y el alto
empeño en que se ve, y el nombre vuestro
siendo de sus esfuerzos el amparo,
con susto mira que embajada vuestra
por la primera al rey don Sancho
haya hoy salido fuera de estos muros
a buscar paces o entablar contratos.
Qué, ilustre infanta: ¿por ventura os pesa
el esfuerzo y lealtad de estos vasallos?
¿Dudáis de su constancia y ardimiento?
¿De flaqueza señal visteis acaso
dentro de las almenas zamoranas?
¿No son guerreros ya sus ciudadanos?
¿O cuatro lunas de virtud y glorias
tantas hazañas, sacrificios tantos
queréis premiar rindiendo estas murallas
al monarca ofendido castellano?
¿Qué esperanza, qué fe tendréis, señora,
en palabras, ofertas y tratados
de un rey que desconoce juramentos,
ávido solo de exterminio y mando?
Cuando conciertos entablar, señora,
incauta pretendéis con vuestro hermano,
conocéis poco al sitiador soberbio
que fue a Galicia a levantar cadalsos,
que fue a León para poblar mazmorras
y que aquí vino a encadenar esclavos.
Mas antes que sufrir su férreo yugo,
antes que atada de su triunfo al carro,
libre Zamora volará en cenizas,
muerta y no esclava la tendrá el tirano.

Arias (Entusiasmado.) He aquí a Zamora, infanta... ¡El Cielo justo
premie aliento tan noble y tan gallardo!

Infanta   Valeroso Pedro Arias, caballeros,
padres del noble pueblo zamorano,
habitantes heroicos de estos muros,
mis dulces hijos ya, no mis vasallos:
¿cómo dudar pudiera el pecho mío
de vuestra decisión y honor preclaro?
¿Cómo premiar vuestra lealtad excelsa,
a cuya eterna gratitud consagro
todo mi corazón, de la venganza
presa haciendo a Zamora de un tirano?
¡Jamás, jamás! Lo juro. Intenté solo,
viendo si el corazón del rey don Sancho
aún de remordimientos capaz era
y de ceder al grito sacrosanto
de honra y de religión, a los desastres,
sacrificios y esfuerzos del estado
poner término ya. No a mis derechos,
no a vuestra independencia renunciando:
no al ambicioso usurpador abriendo
las puertas de este alcázar; no con pactos,
donde vuestra deshonra y mi deshonra
fueran del siglo venidero escarnio.
Mensaje mío al sitiador, es cierto
hoy llevó el respetable Arias Gonzalo;
mas no a ofrecerle el triunfo de Zamora,
sí a recordar al rey que fue mi hermano,
y a pedirle se aleje de estos muros,
y que, sus juramentos respetando,
ponga fin a domésticas discordias,
que el sarraceno ve con gozo tanto.

Tales fueron, amigos, mis propuestas,
las mismas que con risa el rey don Sancho
oyó despreciativo y orgulloso,
necios insultos por respuesta dando.
Él ante el Cielo responsable queda
de las muertes, horrores y atentados
que cause su ambición. Hoy mismo quiere
repetir de estos muros el asalto...
Venga pues, a encontrar nuevo escarmiento;
venga, que decididos le esperamos;
venga, y conocerá que mis propuestas
de amor, no de flaqueza, dimanaron.
Tanto en la gloria de Zamora fío,
tanto en vuestra lealtad y ardor bizarro.

Diego   Eso anhelan los buenos de Zamora,
eso los que aquí miras anhelamos:
que ose volver el enemigo al muro,
que se trabe otra lid de brazo a brazo.

Pedro (A la Infanta, hincando una rodilla.)
Pues tan fuerte os mostráis, yo a vuestras plantas,
por mí y a nombre de mis dos hermanos,
de los capitulares, ricoshombres,
nobleza, caballeros, hijosdalgo
y pueblo de Zamora, el homenaje
de lealtad y de amor ante Dios santo,
sobre mi honor, sobre mi fe y mi espada
de nuevo os juro.

Todos (Doblando una rodilla y extendiendo la mano derecha.)
Y todos lo juramos.

Infanta (Con vehemencia.)

Y yo lo acepto con el alma toda,
y también juro al Cielo que, entre tanto
que mi pecho respire, nunca, nunca
será Zamora presa de tiranos.
Y, aunque débil mujer, a vuestro ejemplo,
vestiré cota y ceñiréme el casco,
y con vosotros guardaré mi herencia,
la vengadora lanza fulminando.

Pedro   ¿Quién dudará, magnánima señora,
de triunfar en la lid al escucharos?

(Hace una profunda reverencia a la Infanta y vase, y con él, los demás.)

Escena V
Infanta y Arias

Infanta (Enternecida.) ¡Qué valor! ¡Qué lealtad! ¡Qué noble pueblo!
Llena mis ojos delicioso el llanto
de ardiente gratitud, y el pecho mío
la digna admiración de tales rasgos.

Arias   Fue vuestra duda de Zamora ofensa.

Infanta   Más que duda fue amor de mis vasallos,
el anhelar un fin a los desastres
de esta guerra feroz y asedio largo.

Arias   Bien antes dije de aceptar, señora,
de tan inútil embajada el cargo,
que, a más de ser inútil, ofendía
el pundonor del pueblo zamorano.
Visto, infanta, lo habéis. Las clases todas
esta insigne ciudad acreditaros

ansían su esfuerzo y su lealtad constante,
y no sufrir el yugo de don Sancho.

Infanta   Sí, amigo; cuantos viven en Zamora
                 merecen de lealtad la palma y lauro.

Arias   Todos a vuestras plantas homenaje...

Infanta   Todos. Uno y no más, uno ha faltado
                 en día tan solemne.

Arias   ¿Quién...?

Infanta   Tu hijo;
                 el joven valentísimo Gonzalo;
                 Gonzalo en mi cariño predilecto,
                 el compañero de mis tiernos años,
                 el que yo misma caballero armara,
                 el que con tanto ardor...

Arias   Señora, acaso
                 con la gente de guerra allá en el muro...

Infanta   Siempre evita el venir a mi palacio;
                 huye de mí en jardines y en muralla;
                 jamás asiste a mi consejo.

Arias   Es harto
                 joven; acreditarse en armas debe.
                 Os sirve y os respeta. Pero vamos
                 a lo que más importa. El enemigo,
                 cumpliendo su palabra, hoy dará asalto.
                 Prevenir es forzoso la defensa
                 y al pueblo preparar. Vos, entretanto,

escribid a la infanta doña Elvira
para que en Toro, el estandarte alzando,
distraiga al sitiador. Y el caballero
nombrad que debe el enemigo campo
cauteloso cruzar, y vuestro pliego
entregar con grandísimo recato,
y sin tiempo perder, a vuestra hermana.
¡Guárdeos el Cielo!

Infanta   Adiós, Arias Gonzalo,

(Vase Arias por la derecha y la Infanta por la izquierda.)

Acto II

Escena I
Gonzalo, solo

Gonzalo (Después de una breve pausa, dice con extrema agitación.)
    ¡Cuánto tarda mi padre! ¿Qué desea
    de mí en este lugar con tanto empeño?
    ¡Ah!... ¡Si supiera la escondida causa
    que guardo en lo más hondo de mi pecho,
    por qué yo de este alcázar, donde toda
    el alma mía cautivada tengo,
    huyo con tal tesón! ¡Cómo palpita
    de verse aquí mi corazón deshecho!
    Estas salas contemplan su hermosura,
    la lumbre gozan de sus ojos bellos,
    lumbre en que toda el alma se me abrasa
    esperar jamás ningún consuelo.
(Azorado.)   ¡Desventurado yo! Mas alguien viene...
    ¿Será la infanta? ¡Oh Dios! Huyamos... ¡Cielos,
    su presencia es mi vida, y su presencia
    embravece el volcán en que me incendio!
    Huir de lo que adoro es mi destino,
    y mi pasión ahogar en el silencio.
    Sí, callar y morir; tal es la suerte
    de un desigual amor. ¡Oh cómo tiemblo!
    Mas ya mi padre llega.

(Se esfuerza en disimular su turbación.)

Escena II
Gonzalo y Arias

Arias (Con cariño.)   ¡Hijo, Gonzalo!

Te convoco a este alcázar porque anhelo
que lo frecuentes más. Como en la guerra
te ejercitas con honra, en el Consejo
debes también ejercitarte; siempre
lustre ambas cosas dan a un caballero.

Gonzalo   Mi juventud es, padre, harta disculpa.
Al ejercicio de las armas debo
dedicarme, y no a más, ya que experiencia
para graves consultas no poseo.

Arias   Los que nacen cual tú, Gonzalo, deben
hallarse en ellas; no para, indiscretos,
dar voto, proponer, abrir los labios,
sino para imponerse del gobierno
en el saber difícil, escuchando
a los que edad y estudio esclarecieron,
y aprender cómo debe el que gobierna
a las leyes guardar santo respeto,
conservar el Estado en paz honrosa,
la guerra prevenir, guardar los fueros
de cada clase y repartir con pulso
y equidad los castigos y los premios.

Gonzalo   Cuando libre Zamora de la guerra
goce descanso y paz, tendré harto tiempo
de aprender a tu lado, padre mío.
Ahora, solo lidiar.

Arias   Lidiar es bueno;
mas no siempre lidiar. Si el ser tan mozo
te excusa de asistir a los consejos,
no te excusa, en verdad, hijo querido,
de asistir de la Corte a los recreos.

Gonzalo   Siempre...

Arias   Siempre angustiado, taciturno,
                con dolor que aun de mí te alejas veo.
(Con intención.) Tú, prenda de mi amor y mi ternura;
                tú, el menor de mis hijos, que el consuelo
                debieras ser de mis cansados años,
                huyes de mí también. ¡Ah! ¿Qué se han hecho
                tu alegre condición y tu dulzura?

Gonzalo (Tomándole una mano y besándosela.)
                        ¿Dudáis de mi cariño y mi respeto?...

Arias   ¿Qué he de hacer cuando miro que afanoso
                la muerte buscas con tenaz empeño?...
                No excusar el peligro es de valientes;
                de despechados, anhelar los riesgos.
                Que vigiles de noche en la muralla,
                a todos dando de constancia ejemplo;
                que el primero te encuentren los asaltos;
                que en las salidas marches el primero,
                mi aprobación merece. Mas que solo
                este recinto dejes sin objeto,
                a provocar inútiles combates
                y a matar o a morir sin fruto, pienso
                que es de ferocidad seguro indicio,
                si no lo es de locura o de despecho.
                Por honra y libertad lidiar es gloria;
                mas por solo lidiar, insano empeño.

Gonzalo   Mi destino, señor...

Arias   Debe inclinarte

a ser aventajado caballero,
hermanando el valor y la prudencia,
el dulce trato y el hablar discreto.
Desecha esa tristeza incomprensible,
y de asistir a nuestra infanta atento
está a la obligación.

Gonzalo   Yo por la infanta...

Arias   Ha poco que a este alcázar concurrieron
las personas de cuenta, y renovaron
a sus plantas el santo juramento
de sostener hasta morir constantes
su herencia, su justicia y su derecho.
Tú, tú solo faltaste.

Gonzalo (Con vehemencia.)
          ¡Oh padre mío!
Y ¿quién puede anhelar cuanto yo anhelo
morir por mi señora?

Arias   Tu señora
no lo duda, Gonzalo.

Gonzalo   Plegue al Cielo
que yo su paz afirme y su dominio
y de Zamora la salud muriendo.

Arias (Lo abraza con gran ternura.)
          ¡Oh cuánto gozo das al alma mía!
Así deben pensar, hijo, los buenos.
Pero a Dios plegue que por largos años,
de tu noble valor el fruto viendo,
de la infanta el apoyo y de Zamora

la gloria seas, y el mejor guerrero.
La infanta sabe tu virtud y brío,
y te distingue con cariño tierno,
por lo que extraña más que así te alejes
de su lado, y así...

Gonzalo (Turbado.)   ¡Yo!... ¡Padre!... ¡Cielos!...
¿De mí la infanta, acaso...?

Arias   Nunca olvida
que fuiste de su infancia el compañero.

Gonzalo   ¡Ay! ¡Ni yo lo olvidé! No, padre mío;
y como la amo yo, cual la respeto,
nadie en el mundo...

Arias   Cuando, llena el alma
de gratitud, y de ternura el pecho,
recibió ha poco de tus dos hermanos
en este mismo sitio el juramento,
notando que faltabas, preguntóme,
y con elogio tal y tanto empeño...

Gonzalo   ¡Oh Dios!... ¿Notó mi falta?

Arias   Sí, hijo mío;
mucho cariño y honra le debemos.
Aquí se acerca.

Gonzalo (En la mayor confusión, quiere irse.)
Padre, permitidme...

Arias   ¿Así observas, Gonzalo, mis consejos?

Escena III

Los mismos y la Infanta

Infanta   Arias...

(Se sorprende al ver a Gonzalo.)

               ¿Mas tú también en mi palacio?
               ¡Cuánto el mirarte en él place a mi pecho!

Arias   Besa, besa la mano a tu señora,
               que premia tu lealtad con tanto afecto.
(A la Infanta.)   Su juventud, infanta, le disculpa.
               Os sirve como honrado caballero,
               os ama como debe un hijo mío,
               y le aleja de vos solo el respeto.
               ¿Escribisteis, señora, a doña Elvira?

Infanta   Ya Bellido partió llevando el pliego.

Arias (Sorprendido.) ¿Bellido...?

Infanta   Sí.

Arias   ¡Señora!..., ¿y a Bellido
               disteis encargo tal?...

Infanta   Dudas no tengo
               de su lealtad. Su astucia es conocida,
               y para empresa de tan grave riesgo
               él mismo se ofreció.

Arias   Si vos, señora,
               como siempre me honráis, a mis consejos

dando acogida grata, en este caso
también me hubierais consultado, creo
que el encargo Bellido no llevara...

Infanta   Bellido, a la verdad, no es buen guerrero
pero sí decidido zamorano
y defensor ardiente de mis fueros.

Arias   Es osado, señora, en demasía,
ya que valiente no. Falso en extremo...
No dudo que, sagaz, del enemigo
la vigilancia burlará, y espero
que a doña Elvira entregará el mensaje;
mas la confianza del señor es premio,
y premiar al vicioso...

Infanta   Arias, acaso
querrá lavar sus juveniles yerros.
Ofrecióse a prestar este servicio
ante mis plantas y con tanto empeño,
que resistir no pude. Y él, gozoso,
que pronto alzado de Zamora el cerco
por su valor e industria quedaría
juró al tomar el importante pliego.

Arias   Él es activo y, como activo, astuto;
si es buena su intención, le ayude el Cielo
Ya también a Aragón partió el aviso,
el socorro urgentísimo pidiendo,
y ésta la carta es que a don Alfonso
deben llevar y al moro de Toledo.
Firmadla, y partirá.

(Da a la infanta un pliego.)

Infanta (Siéntase a la mesa y firma y permanece sentada.)
Que alguno, amigos
auxilio al fin nos ha de dar espero.

Arias   No lo dudéis, señora; en ayudarnos
tiene interés el de Aragón, y empeño.

Infanta   ¿Quién partió a Zaragoza?

Arias   El bravo Núñez.

Infanta   Y ¿quién debe salir para Toledo?

Arias   Bermudo marchará.

Infanta (Dando el pliego firmado a Arias.)
No se detenga.

Arias   Saldrá de estas murallas al momento.

(Vase.)

Escena IV
Gonzalo y la Infanta

Infanta (Permanece sentada, y dice a Gonzalo, que hace ademán de seguir
a su padre:)
¿Tú me dejas también...?

Gonzalo (Confuso.)   Señora...

Infanta   Espera.

Gonzalo	A las murallas...
Infanta	Que te esperes, ruego. Ven..., acércate más. Dime, Gonzalo: ¿ignoras el cariño que profeso a tu familia toda? Arias, tu padre, es mi mejor amigo y consejero, como lo fue también del padre mío. Sin su prudencia, su virtud, su celo, ¿qué fuera yo, mujer desventurada, entre tanto peligro y contratiempo? Tus dos hermanos, de lealtad y brío, y de heroísmo y de constancia ejemplo, las dos fuertes columnas de mi Estado son y el firme sostén de mis derechos. El uno alcaide ilustre de Zamora, el otro capitán de mis guerreros, cuando dejan las bélicas fatigas y el cuidoso velar de sus empleos me acompañan, me asisten, me consuelan; ora más leve mi penar haciendo, y animando mi espíritu abatido de la espantosa guerra con el peso; ora brillando en mi palacio y Corte, o prestándome sabios sus consejos tu anciano padre ni un instante solo de mí se aparta, y a su amor le debo cuanto debiera al de mi padre mismo, como lo sabe el zamorano pueblo. Y a ti, Gonzalo, a quien aclama el mundo, con sobrada razón, mi caballero, pues que yo misma te ceñí esa espada, la espuela te calcé y el juramento prestastes en mi mano; a ti, que llevas

el nombre mío entre tus armas puesto,
cual divisa en tu escudo; a ti, que siempre
fuistes en mi cariño el predilecto,
jamás verte consigo en mi palacio,
cerca de mí jamás. ¿Por qué? Di...

Gonzalo (Abatido.)   ¡Cielos!
No prosigáis, señora; no desgarren
vuestras palabras mi oprimido pecho.
Sé cuántos nos honráis; sé los favores
que yo, el más joven de mi raza, os debo.
Los sé, y consagro mi existencia toda
a vos, aunque de vos siempre me alejo.

Infanta   Harto sé yo el denuedo con que lidias,
de mi nombre en defensa y de mi pueblo;
las cicatrices que glorioso ostentas,
y que aún frescas se ven, lo están diciendo,
y tanto más extraño es tu desvío.
Hoy mismo mis leales, con recelo
porque un mensaje dirigí a don Sancho,
de que cediese mi invencible esfuerzo,
a mostrar su constancia en defenderme
a este salón solícitos vinieron.
Tus dos hermanos, Vasco, Alfonso, Deza,
Cortés y Lara y otros caballeros
de sostener mi herencia y señorío
renovaron ha poco el juramento.
Solo tú...

Gonzalo (Con vehemencia.)
                                Basta. ¡Por piedad, señora!
¿Gonzalo ha menester jurar de nuevo
que cuanta sangre por sus venas corre

derramará por vos?

Infanta   Así lo creo.
Pero acaso... No sé... Tal vez, Gonzalo,
contra tu gusto y tu elección, siguiendo
la opinión de los tuyos, no la tuya,
o de un involuntario juramento
compelido...

Gonzalo   ¡Señora!

Infanta   ... mis banderas
defiendes...

Gonzalo   ¡Santo Dios! ¿qué estáis diciendo?

Infanta   ¿Por ventura Zamora es corto campo
de tu noble ambición y heroico esfuerzo?
¿Por ventura no piensas que acompañan
la justicia y razón a mis derechos,
y a tu pesar...?

Gonzalo (Con vehemencia y gran agitación.)
        ¿Qué pronunciáis, señora?
El mundo, el mundo todo solo vuestro
debiera ser. ¡Que yo del mundo el trono
tuviera para vos pluguiese al Cielo!...
Pero... nací infeliz. ¿Por qué el Destino
no hace igual el poder al pensamiento?
¿Yo a mi pesar seguir vuestros pendones?...
¿Yo, no por mi elección, vuestro derecho
sagrado sustentar?... ¡Ah!... Si la suerte
en la última región del Universo
me hubiera dado cuna, el alma mía,

encantada al oír el nombre vuestro,
arrastrado me hubiera a vuestras plantas
a seguir vuestra causa y defenderos.
Para morir por vos solo respiro.

Infanta   Quien tal ardor por mí guarda en su pecho,
                 ¿por qué me evita con tenaz estudio?

Gonzalo   Porque nació infeliz.

Infanta   No te comprendo.

Gonzalo   ¡Ah!... Si me comprendierais... Mas ¿qué digo?
                 Dejad que huya de vos; dejadme, os ruego.

Infanta   ¿Qué agitación, Gonzalo, te atormenta?
                 De tu extraño penar me compadezco.

Gonzalo   ¿Vos me compadecéis?...

Infanta (Con ternura.)   Sabes, Gonzalo,
                 que casi al par nacimos, y que fueron
                 en fraternal unión creciendo juntos
                 los dulces años infantiles nuestros.
                 Después a las Asturias te ausentaste,
                 y que no fue sin lágrimas recuerdo.
                 Largos años sin vernos estuvimos,
                 hasta que el rey, mi padre, repartiendo
                 entre todos sus hijos sus Estados,
                 voló cual justo a la mansión del Cielo.
                 En herencia dejándome a Zamora,
                 y a tu padre de apoyo y consejero,
                 aquí con él, y no sin gozo mío,
                 te volví a ver, Gonzalo. Ha poco tiempo

la profesión tomaste de las armas,
y por mí fuiste armado caballero.
Afable y cariñoso, algunos días,
solícito en mi Corte y en mi obsequio,
gustosa, te encontré; pero muy pronto
marcó tu frente el angustioso sello
de honda tristeza, y velador cuidado,
a tu pesar, tus ojos descubrieron.
De mi alcázar las danzas y festines,
en vez de ser de tu aflicción remedio,
la furia, al parecer, acrecentaban
de tu dolor, pues tan tenaz empeño
pusiste en evitarlos. De este modo,
cuando esperaba del pasado tiempo
ver la dulce amistad reproducida,
hallé tan solo en ti... ¿Qué nombre debo
dar, Gonzalo, al afán con que procuras
de mí alejarte siempre, y de mí lejos
entregarte al dolor que te devora,
siéndote yo de horror y asombro objeto?

Gonzalo

¿De horror decís?... ¿De asombro?... ¡Oh suerte impía!
Y ¿quién, y quién cual yo...?

Infanta

                      Ninguno, es cierto.
Desque nació esta guerra, valeroso
me sirves, es verdad, con alto esfuerzo.
Mas crece, al par, tu atroz melancolía;
y con disgusto, pesarosa, advierto
que buscas y te arrojas al peligro,
como impulsado de feroz despecho.

Gonzalo

Y huye de mí la muerte, porque niegan
todo descanso a mi penar los Cielos.

Infanta (Con ternura.) ¿Qué te atormenta...? Dímelo, Gonzalo.
Si la amistad de nuestros años tiernos
del todo no olvidaste, en mí confía,
descubre los abismos de tu pecho.

Gonzalo   ¡Jamás! En el silencio del sepulcro
se guardará conmigo este secreto.

Infanta (Horrorizándose.)
                 ¿En el sepulcro...?

Gonzalo   Sí.

Infanta   ¿Pues qué...?

Gonzalo (Haciendo ademán de irse.)
                          Dejadme;
ya para resistir fuerzas no tengo.
Lejos de vos...

Infanta (Levantándose del sillón y deteniéndole.)
                 Espera. ¿Mi cariño
no podrá ser de tu penar consuelo?

Gonzalo   ¿Vuestro cariño...? ¡Oh Dios!...

Infanta   Habla; sé franco.
¿Causa amor tu aflicción...? ¿Pudo en tu pecho
su peligroso influjo...?

Gonzalo   ¡Ay de mí, triste!...
¡Amor!... Sí... ¿Qué decís?... ¡Amor! ¡Oh Cielos!

34

Infanta	Que acerté con tus males imagino...
	Y ¿quién de tu pasión es el objeto...?

Gonzalo	¿Quién es...?

Infanta	Sí, dime...

Gonzalo	¿Me ordenáis que diga...?

Infanta	Lo exijo, sí.

Gonzalo (Hincando una rodilla y con la mayor vehemencia.)
Vos sois el solo dueño
de todas mis potencias y sentidos;
vos quien inflama el desastroso fuego
que el alma me consume; vos, señora,
la causa celestial de mis tormentos.
Por vos, solo por vos, corro al peligro.
Soy infeliz, y perecer anhelo.
Miradme con piedad... ¡Ah! No, ¿Qué digo?
Derribad la cabeza de mi cuello,
ya que de amaros tengo la osadía;
mas lástima de mí tened al menos.

Infanta (Agitada.)   ¿Qué dices...? ¿Qué...? ¡Gonzalo!

Gonzalo   Confundidme.
Nacido fui para vasallo vuestro.
Mas no se manda al corazón, y el mío
para amaros nació. ¡Pluguiese al Cielo
que yo un excelso príncipe naciera,
que a vuestros pies pusiera el Universo!
¡Ah!... No se elige cuna; y pues la mía
me hizo a vos desigual, el brazo horrendo

de la muerte me vuelva aquel descanso
que vos robasteis a mi insano pecho,
y ponga fin a mi cruel martirio,
y castigue mis altos pensamientos.

(Álzase.) Dejadme ir a buscar la ansiada muerte,
pues mi loca pasión rompió el silencio.

Infanta (Deteniéndole.) Detente... ¡Oh Dios!... Detente... ¿A dó, Gonzalo,
desesperado vas?... Ven. ¡Ay! De acero
no tengo el corazón.

Gonzalo ¿Qué...?

Infanta ¿Tú la muerte
buscas tan solo de tu amor en premio?

Gonzalo ¿Qué más puedo esperar?

Infanta (Sorprendida.)
Apresurado
penetra en el salón tu hermano Diego.
Calma, ¡por Dios!, Gonzalo, tu semblante.

Escena V
Los mismos y Diego

Diego (Inclinándose con respeto.)
Pensé que aquí mi padre...

Infanta (Inquieta.) ¿Con qué objeto
así a tu padre buscas?...

Diego Se ha notado
repentino, y extraño movimiento

en el campo enemigo; hasta aquí llegan
de los clarines y el tambor los ecos.
Se ordenan los contrarios escuadrones
y lanzan altas voces los guerreros.
Sin duda, el asaltar nuestras murallas
es del altivo sitiador intento.
Ya acuden a guardar torres y fosos
los zamoranos, y mi hermano Pedro
prepara la defensa; pero quiere
que mi padre a su lado...

Infanta   ¡Oh Dios! No temo
el bárbaro furor del castellano,
pues tales hijos que me guardan tengo.
Mi hermano solo responsable sea
de tantos males cual provoca ciego.
Gonzalo, el rey don Sancho, furibundo,
de mi sangre infeliz está sediento.
(Le alarga la mano.)   Tú eres mi campeón. Combate y piensa
que todo es del valor escaso premio.

Gonzalo (Besándole la mano.)
               Y ¿qué valor resistiráse al mío,
si osa a tanto elevar el pensamiento?

Infanta   Que Dios escude tu preciosa vida.

(Vase.)

Gonzalo   A morir o triunfar corramos luego.

(Vanse.)

Acto III

Escena I

Arias y la Infanta

Infanta (Agitada.)   Te llamo ansiosa de saber, don Arias,
qué horrible estruendo y clamorosos gritos
de terror y de asombro el aire pueblan,
llenando de inquietud el pecho mío...
¿Se ha trabado la lid?... ¿Ocupa el foso,
vencedor y soberbio, el enemigo?...
¿Pereció algún ilustre caballero?...
¿Están en salvo tus valientes hijos?...
¿Acaso alguno...?

Arias   Sosegaos, señora.
El extraño rumor que habéis oído
fue parte en los reales de don Sancho,
parte en nuestras murallas y castillos.
El ordenarse las contrarias huestes
de intentar el asalto daba indicios,
si bien no se apartaban de su campo.
Y el pueblo zamorano, decidido,
ocupaba en silencio las almenas
en igual inacción, cuando advertimos
extraña confusión en los reales,
y a toda rienda, alzando remolinos
de ardiente polvo, en busca de estos muros
un jinete venir. Era Bellido...

Infanta (Sorprendida.)
    ¿Bellido...?

Arias   Sí, señora; que gritando,

y un agudo venablo, en sangre tinto,
revolviendo en la diestra, de Zamora
buscaba ansioso el resguardado asilo.
Cuatro o seis caballeros castellanos,
y entre ellos el fortísimo Rodrigo,
de cerca le acosaban; pero siendo
más veloz el caballo de Bellido,
logró salvar precipitado el foso
y feliz ampararse del rastrillo.
Desde el muro con dardos y con piedras
a los que le alcanzaban contuvimos,
y Pedro con escolta marchó al punto
a dar segura entrada al fugitivo.

Infanta   Al punto venga a la presencia mía.

Arias   Aquí mandé, señora, conducirlo.

Infanta (Confusa.)   Y ¿por qué castellanos caballeros
le acosaban así? ¿Por qué el recinto
de Zamora buscaba de tal suerte?...
¿Por ventura mi pliego habrá perdido?...
¿Descubierto...?

Arias   ¿Quién sabe?... Extraño caso
sin duda le ocurrió. Dirálo él mismo.

Escena II
Los mismos y Pedro, mostrando gran abatimiento

Infanta   Pedro, ¿supiste ya...? Mas ¡qué semblante!...
¡Qué extraña turbación!... ¿Dó está Bellido?

Pedro   De sangre y fealdad manchado viene

De tal sangre, señora, que este sitio
contaminara.

Infanta   ¡Oh Dios!

Arias (Asustado.)   ¡Pedro!... ¿Qué...?

Infanta   ¿Acaso...?

Pedro   No es de venir a vuestras plantas digno.
              De mirarle temblarais. A Zamora
              salvó, es verdad; mas fue con un delito.

Infanta (Inquieta.)   Alcaide, acaba... Incertidumbre horrible
                  tan misterioso hablar da al pecho mío.

Pedro   Don Sancho, vuestro hermano, ya no existe.

Infanta (Despavorida.)
                  ¿Cómo...?

Arias   ¿El brazo de Dios...?

Pedro   El de Bellido.

Infanta (Sentándose de pronto en el sillón con muestras de profundo dolor.)
              ¡Cielos!... ¡Qué horror!... ¡Oh guerra detestable!
              Era mi hermano, aunque era mi enemigo.

Arias (Después de larga pausa.)
                  ¿Qué mortal, ¡oh justicia del Eterno!,
                  libre se juzgará de tu dominio?...
                  Mas ¿cuál fue el caso?... ¿Singular combate...?
                  ¿Un hombre oscuro, y tal como Bellido,

osé a un monarca provocar, y pudo
un monarca abatir su orgullo y brío
hasta aceptar tan desigual contienda?...
¿O acaso preso el zamorano altivo
y ultrajado tal vez...? Pedro, di.

Pedro   Escucha
lo que refiere con jactancia él mismo.
Dice que desde el punto en que anheloso
a suplicar a nuestra infanta vino
que del mensaje a Toro le encargara,
ocultaba en su pecho tal designio.
Y que, sin descubrirlo a nadie, apenas
dejó estos muros, fuese decidido
al campo sitiador, y a los primeros
que halló guardando el valladar les dijo
que, huyendo de la infanta y de Zamora
y anhelando vengar odios antiguos,
buscaba de don Sancho las banderas
para prestarle fiel un gran servicio.
Y que al monarca al punto lo llevasen,
porque importaba darle cierto aviso,
con el cual de Zamora la conquista
segura estaba y terminado el sitio.
Dudaron los soldados; pero, astuto,
ser llevado ante el rey logró Bellido,
cuando ordenando estaba sus escuadras
para asaltar de nuevo este recinto.
En la regia presencia, sin turbarse,
inventando sucesos peregrinos
y persuadiendo al rey que de la infanta
y de los zamoranos perseguido
a su amparo y defensa se acogía,
huyendo de un injusto y vil suplicio,

cautivar consiguió su confianza
y verle a su favor grato y benigno.
Entonces, importancia aparentando,
le pidió que en su tienda, sin testigos,
te escuchase, y logrólo, aunque a despecho
de varios caballeros y caudillos.
Al verse a solas con don Sancho, aleve,
a su infame intención dar cima quiso;
mas los riesgos y azares de la fuga
nuevo ardid le inspiraron, y al rey dijo
que de aquel campo se encontraba cerca
la descuidada puerta de un camino
subterráneo y oculto que a este alcázar
daba seguro paso en tiempo antiguo,
y que era fácil por allí al momento
sorprender a Zamora sin peligro.
No recelando engaños, el monarca
por sí reconocer al punto quiso
del subterráneo la supuesta boca,
y salió de su tienda. Mas Bellido,
para evitar que algunos caballeros
le acompañasen al oculto sitio,
encareció lo grave de la empresa,
difícil quebrantándose el sigilo.
Y aun osó al rey decir que había traidores
en sus escuadras y a su lado mismo.
Don Sancho, o bien que le cegase el Cielo,
queriendo a sus violencias dar castigo,
o porque es propensión de los humanos
corre a rienda suelta al precipicio,
cuando corren en pos de sus deseos,
pidió un caballo, y solo con Bellido,
sin ceñirse coraza, sin escudo,
sin yelmo y ordenando que seguirlo

nadie intentase, se alejó del campo.
Y en estas quiebras y erizados riscos
que no lejos se encuentran se introdujo,
del zamorano aleve conducido;
quien, así que se vio solo, asestando
al corazón del rey con fiero brío
un agudo venablo, por dos veces
forzudo lo vibró, vertiendo un río
de regia sangre.

Infanta (Con gran desconsuelo.)
  ¡Oh Dios!

Arias (Pasmado.)   ¡Qué horror, señora!

Pedro   Cayó don Sancho. De la muerte el grito
               resonó en torno. Algunos caballeros,
               que, contra su mandato, allí vecinos
               osaron esconderse, recelosos
               de cubierta traición, al alarido
               acuden, ven la causa, y, furibundos,
               corren en pos del matador, que asilo
               buscó en estas murallas, y está en ellas.
               Tal el suceso fue.

Infanta   ¡Qué horror!

Arias (Despechado.)   ¡Dios mío!
               ¿Y la noble Zamora, ¡oh mengua!, pudo
               albergar a un traidor entre sus hijos?
(Pausa.)   ¿Conque no mató al rey cual caballero,
               siendo iguales las armas y el peligro,
               sino cual vil traidor?...

Diego   Y aun orgulloso
se jacta de su hazaña el asesino.
Dice que a él debe su salud Zamora.

Arias (Indignado.)   Nunca salvarse con deshonra quiso.

Pedro   No ha de manchar nuestra ciudad insigne
la afrenta de un menguado...

Arias   Hay casos, hijo,
en que del pueblo la opinión se mancha
con que uno, y nadie más, haga el delito.
Al extender la Fama por el mundo
la triste nueva con sonoro grito,
dirá: «Los zamoranos, no con armas,
sino con vil traición, se han defendido.»
Y, aunque insensata la noticia sea,
queda empañado del honor el brillo,
que luego apenas con fatiga y sangre
se logra acrisolar.

Pedro   Don Sancho digno
era, por su ambición tirana y ciega,
y por los desacatos cometidos
a la memoria de su augusto padre,
de recibir del Cielo alto castigo.

Arias   Mas con un rayo confundido fuera,
o en lid honrosa, por la mano herido
de un noble caballero, no engañado
por la maldad de pérfido enemigo.

Infanta   ¡Ay!... ¡Con cuánta razón, noble don Arias
del traidor recelaste!

Arias   El que del vicio
sin pudor yace en el inmundo lodo,
jamás mi confianza ha merecido.
Del honrado son propias las hazañas,
y propios del vicioso, los delitos.
Y si a la patria sirve la deshonra,
pues solo sabe usar medios indignos.
La razón de Zamora y la justicia
con esa vil acción del asesino
disminuyen, al par que se levantan
la justicia y razón del enemigo.
Ni hemos de libertarnos del asedio;
pues si los castellanos tienen bríos,
vengar deben la muerte del monarca;
y los que no aprobaban sus designios
ser ya los más tenaces y valientes;
ved qué gran diferencia, en proseguirlos.

Infanta (Levantándose de la silla.)
Yo al mundo probaré que no Zamora,
sino un aleve cometió el delito.
Alcaide, que al momento de una torre
la más honda prisión guarde a Bellido.

(Vase Pedro)

Escena III
Infanta y Arias

Arias   Señora, al punto a vuestro hermano Alfonso,
que es de don Sancho sucesor, aviso
debéis dar del suceso...

Infanta (Volviéndose a sentar, muy abatida.)
                    Arias, fiel Arias,
            de amargura y horror el pecho mío
            tan lleno está, que disponer no puede
            lo que me cumpla hacer en tal conflicto.
            Tú, que siempre mi apoyo y consejero
            fuiste, y el más leal de mis amigos,
            manda y dispón por mí cuanto convenga.

Arias   Hallándose en Toledo fugitivo,
            y a la dudosa fe de sarracenos
            entregado, tal vez con gran sigilo
            debe esta nueva...

Escena IV
Los mismos y Diego

Diego   Del contrario campo
            al pie de nuestros muros ha venido,
            tremolando en la pica un blanco lienzo,
            Diego Ordóñez de Lara, aquel caudillo
            castellano que siempre en los combates
            y en los asaltos el primero vimos.
            Y para entrar a hablarte, en altas voces
            pide seguridad y tu permiso.

Arias (Con resolución.)
                    Y al punto se le den.

Infanta (Asustada.)   ¿Qué dices, Arias?...
                    ¿Pues qué pretende el castellano altivo?

Arias   Reparo del escándalo y afrenta,
            sin duda, viene Ordóñez a pedirnos,

y a indagar si Zamora y si vos misma
tienen parte en el fiero regicidio.
No otorgarle el seguro que pretende,
de aprobar crimen tanto fuera indicio.

Infanta
(Levantándose resuelta.)   Entre, pues, Diego Ordóñez, y mirando
mi luto, mi amargura, y de los míos
el honrado pesar, nuestra inocencia
conozca y mida con sus ojos mismos.
Entre, pues, Diego Ordóñez, y al infame,
que en sangre con horror bañado miro,
le entregaré, porque presencie el campo,
qué crimen tan atroz pasmado ha visto,
en la justa venganza de Castilla,
del delincuente bárbaro el suplicio.
Conozcan mi lealtad los castellanos,
al traidor entregando...

Arias (Precipitado.)   ¿Qué habéis dicho?...
De vuestro hermano la venganza, solo
a vos, y a nadie más, toca. Bellido
es criminal, mas es vuestro vasallo.
Leyes y magistrados que el delito
juzguen tenéis aquí. Y aquí, en Zamora,
legalmente pronúnciese el castigo;
y tal, que, siendo asombro al orbe todo,
el nombre deje de Zamora limpio.
Mas entregarle a la venganza extraña,
injusticia y flaqueza a un tiempo mismo
fuera. Sus tiendas la enemiga hueste
alce y se aleje, levantando el sitio;
respeten Vuestra herencia, y vos, señora,
sin que extranjeros vengan a exigirlo,

dad, en nombre de Dios, castigo o premio,
cual cumple a vuestro excelso señorío.
Entre Ordóñez de Lara, mas no intente imponer
degradantes desvaríos.

Infanta   Entre, pues, Diego Ordóñez.

Arias   Vos, infanta,
preparaos, cual debéis, a recibirlo.

Acto IV

Escena I
Infanta, sentada en el dosel y a su derecha, en pie, Arias, Pedro, Diego:
Gonzalo, Gómez y regidores. A la izquierda, y a un lado y otro, damas, caba-
lleros, pajes y guardias. Todos vestidos de luto

Arias (Viniendo al medio de la escena, seguido de Gómez, dice en voz alta):
       Audiencia al caballero castellano
       la infanta, mi señora, le concede:
       no se detenga pues.

(Vuelve a su puesto, y Gómez se va por la derecha.)

Escena II
Los mismos y Ordóñez, que sale con Gómez

Ordóñez
(Hincando una rodilla.)   Infanta excelsa
       que vuestras plantas generosas bese
       un vasallo leal de vuestro hermano
       y que ante ellas se postre reverente,
       permitid, y también que por sí propio,
       o bien a nombre de las bravas huestes
       que esos campos dominan, y en el nombre
       de tantos caballeros excelentes
       que en ellas ciñen del honor las armas,
       y en el nombre, por fin, de cuantos tienen
       honra y virtud y castellana sangre,
       justa satisfacción demande y ruegue.

Infanta   Alzaos, Diego Ordóñez, al asiento
       que vuestros nobles títulos merecen,
       y la demanda proponed.

Ordóñez (Se levanta y sienta en una banqueta sin respaldo que estará allí
cerca.)

         Señora,
el dolor que marchita vuestra frente
y los lutos y el fúnebre aparato
que aquí mis ojos por doquier advierten,
indicios son de que la misma pena,
que el pecho mío destrozado tiene,
y de asombro y terror llena a Castilla
y de justo furor a sus valientes,
no es tan ajena del cuidado vuestro
ni de los caballeros que sostienen
el empeño de ser vuestros vasallos,
con armas, con tesón y aun con laureles.
Pero de un rey excelso de Castilla
el vil engaño y la alevosa muerte,
y el responder a generosa guerra
con doble trato y con traición aleve,
mal tan solo con lágrimas y lutos
satisfecho quedar, señora, puede.
Venganza crimen tal demanda al Cielo,
y tal venganza, que desarme y temple
la justa saña que a la fiel Castilla,
a España toda, con razón, enciende;
y tal reparación, que el nombre vuestro
y el honor de Zamora limpios deje
de dudas, de sospechas y de indicios
que los manchan, deslustran y ennegrecen.

Infanta   Diego Ordóñez de Lara, el pecho mío,
al ver tanta lealtad, consuelo siente.
Fuisteis fiel servidor del rey don Sancho,
y tan noble actitud os enaltece.

52

Siempre le amé; jamás como enemigo,
aunque mi herencia firme defendiese,
pude considerar vuestro monarca,
de quien lamento la horrorosa suerte.
Las lágrimas que inundan mi semblante,
la indignación que en mis entrañas hierve
y mi conducta con el rey don Sancho
testificarlo al Universo pueden.
Y no es solo, don Diego, el pecho mío
el que el tormento del dolor padece
por el funesto fin del rey, mi hermano;
que cuantos mi estandarte siguen fieles,
cuantos habitan a Zamora insigne,
cual yo le lloran y vengarle quieren.
Y estos lutos y fúnebre aparato
señales son de lo que el alma siente,
no apariencia falaz, con que los hombres
satisfacer al necio mundo suelen.
La fiel Zamora y la leal Castilla
la misma angustia de dolor padecen;
y si pena común es firme lazo
que opuestas voluntades entreteje,
tendrán fin las discordias, que producen
siempre desastres y delitos siempre.
Es verdad que con guerra abierta y franca
vino mi hermano y con bizarra hueste,
aunque a razón contrario y a justicia,
y a juramentos, y a contratos fuese
acometer mi herencia a mano armada
y a mi pueblo tratar como rebelde.
Mas también es verdad que yo y Zamora,
los pactos recordándole solemnes,
y con ruegos y lágrimas tentamos
su ambición sofocar y contenerle.

Y todo siendo en vano, a la defensa
también con hierro y con armada hueste
apelamos, en guerra abierta y franca,
como cumple a los buenos defenderse.
Díganlo cuatro lunas de combates
y cinco asaltos rechazos siempre,
que el triunfo a nuestro esfuerzo aseguraban
sin que traiciones necesarias fuesen.
Por desgracia, encontróse en estos muros
un pérfido asesino, un hombre aleve.
Ése el crimen horrendo cometiera;
mas no Zamora, que ni está ni puede
contaminada estar. Y si es que el mundo
lo osase sospechar, el mundo miente.
Mas porque yo, Zamora; vos, Castilla,
satisfacción ansiamos, proponedme
cuál ha de ser: mi espanto, mi amargura,
con testimonio irrefragable quieren
manifestar lo que a mi hermano amaba
y lo que crimen tan atroz merece.

Ordóñez   Jamás dudé que vuestro noble pecho
tan geniales impulsos conmoviesen,
y que siendo una misma aquella sangre
que derramó el traidor y la que enciende
vuestro gran corazón, que un mismo anhelo
vuestro, señora, y de Castilla fuese.
Y pues vos, y Zamora, y yo, y Castilla
venganza ansiamos del delito aleve
y alta reparación, vos y Zamora,
Castilla, el mundo, y yo, tan solamente
lo podremos lograr, si a dos demandas
os dignáis acceder, no de otra suerte.

Infanta	¿Es la primera?
Ordóñez	Que el traidor inicuo que el regicidio perpetró se entregue al punto a mi poder, para que luego en él Castilla el atentado vengue.
Infanta	¿Es la segunda?
Ordóñez	Que Zamora, hoy mismo, abra las puertas y las armas deje, dando entrada a las huestes castellanas y al cadáver del rey, alto y solemne vasallaje prestando a sus cenizas. Lo que en vida intentó lógrelo en muerte
Infanta	Diego Ordóñez de Lara, harto habéis dicho; vuestra ardiente lealtad os desvanece; os he escuchado con sorpresa y pasmo imposibles pedir, dictarme leyes. ¿Que ponga en vuestras manos a Bellido pretendéis? Espantoso delincuente, horrendo regicida, infame reo, ese vil traidor es: tal, que merece perecer en tormentos inauditos y de ejemplo servir su horrible muerte. Mas, don Diego, Bellido es mi vasallo y su castigo a mí solo compete. Leyes y magistrados y verdugo la fiel Zamora en su recinto tiene. ¿Queréis que esta ciudad las puertas abra, que las armas deponga y que se entregue al cadáver de un rey, a quien gloriosa resistió denodada cuatro meses?...

¿Qué os podré responder? Volved, don Diego,
volved a vuestro campo, y a las huestes
castellanas rogad, en nombre mío,
que en mí a la hermana miren y respeten
del sin ventura rey que lamentamos,
y del rey que a heredar el trono viene.
Que renazca la paz, que alcen el sitio,
que a Zamora y a mí tranquilos dejen;
y entonces lloraremos de consuno
la terrible desgracia que nos hiere,
el brazo respetando del Eterno,
que tronos hunde y que castiga reyes.

Ordóñez
(Conteniendo el furor.)   Comprendo..., sí, comprendo. Yo harto dije,
y vos, señora, más. Duda no tiene.
Estremézcase el mundo horrorizado,
rásguese el velo que el delito envuelve.
Vos y Zamora...; sí, vos y Zamora
sois del asesinato delincuentes.

Todos
(Menos la Infanta.)   ¿Qué osa Ordóñez decir...?

Infanta (A los suyos.)   Callad.

Ordóñez (Levantándose con resolución.)
          Lo digo;
y mi brazo y mi espada lo sostienen,
y aunque los zamoranos el seguro
con que vine a este alcázar atropellen,
poco importa, pues nada me acobarda
cuando razón y esfuerzo me defienden.
Así, escuchadme todos.

Infanta (Siempre conteniendo la gran agitación de los suyos.)
Sí, escuchemos.

Ordóñez   De traidores, de infames y de aleves
yo os reto a vos, infanta; a los magnates,
caballeros, hidalgos y a la plebe
de esta inicua ciudad; a los mancebos,
y párvulos, y ancianos, y mujeres;
a los que aun no han nacido y a los restos
que en los sepulcros infamados duermen.
Y reto a estos palacios, a estos muros,
a estas torres y altivos chapiteles,
y al aire corrompido que respira
la vil Zamora, al pan que la mantiene,
al agua que la riega y a la lumbre
que en sus hogares arde y resplandece;
y los árboles, riscos, flores, plantas
y a cuanto sobre sí mira y contiene
este suelo de horror. Y en campo abierto,
con cuatro zamoranos, sean quien fueren,
y fuego de Castilla, yo, valiente,
lo sostendré con lanza y con espada,
a caballo y a pie.

Todos
(Menos la Infanta.)   Cualquiera...

Ordóñez   Esperen.

Arias (Conteniendo a todos.)
Escuchemos.

Ordóñez   Si alguno de los cuatro

mi esfuerzo humilla y en la lid me vence
Zamora libre de la negra mancha
y del reto y del sitio al punto quede.
Mas si, al contrario, en mi triunfo el cielo
el crimen de Zamora hace patente,
sin resistir se entregará al castigo
que le darán las castellanas huestes.

Todos   Lo aceptamos.

Ordóñez (Quitándose un guante y arrojándolo en medio del tablado.)
               ¿Quién alza el guante mío?

Arias (Arrojándose precipitadamente sobre el guante y recogiéndolo, seguido de sus tres hijos.)
               Yo lo recojo, Ordóñez, y que mientes
               yo y mis tres hijos demostrar sabremos.

Ordóñez   Los que son más culpados, Arias, deben
               ser las primeras víctimas.

Arias   Ordóñez,
               las manos van a hablar, los labios cesen.

Ordóñez   Al pie del muro espero.

Arias   Al punto vamos.

Ordóñez   Venid a hallar la merecida muerte.

(Vase.)

Escena III
Los mismos, menos Ordóñez

Infanta	¡Arias!... ¡Esclarecidos caballeros! ¡Zamoranos insignes!... ¡Hijos fieles!... ¿Qué es esto?... Estoy sin mí... ¿Cómo, atrevido, Diego Ordóñez de Lara, de tal suerte la afrenta y la calumnia...
Arias	Noble infanta, ¿qué os agita?... Dichosas son mil veces la afrenta y la calumnia que con hierro purificarse y desmentirse pueden. El Cielo sabe la inocencia nuestra, el mundo nuestro honor, y estos valientes hoy acrisolarán ambos tesoros, a Zamora salvando para siempre. Mas vamos a la lid, que urge el combate Al noble pecho que calumnia hiere son los instantes siglos. ¿Vos, señora, depositáis en nuestras armas fieles vuestros justos derechos?
Infanta	Sí.
Arias	¿Y vosotros, hijos de esta ciudad, varones fuertes, a la que tantas veces ilustraron vuestras virtudes y guerrero temple, os confiáis también a nuestro esfuerzo?
Todos	Sí; todos.

Arias (Dirigiéndose a sus hijos.)

Ya lo veis, hijos, su suerte
la egregia infanta y zamorano pueblo

en nuestras armas ponen, y transfieren
a nosotros su agravio y su venganza.
La voluntad de Dios está patente.

(Hincan los cuatro una rodilla en tierra y desenvainan las espadas.)

En manos de la infanta y de Zamora,
ante el pueblo, del modo más solemne,
juramos por la cruz de estos aceros,
como buenos lidiar. Y si perece
el primer campeón en la demanda,
se lanzará el segundo a sucederle,
y si éste cae también, saldrá el tercero,
y el cuarto, si el tercero feneciese.
Y sin ventaja oculta o descubierta,
juramos combatir de fuerte a fuerte.
Y juramos también que contra Ordóñez
ni antigua enemistad ni rencor tienen
nuestros hidalgos pechos, y que solo
combatir anhelamos y vencerle
por dar respuesta a su orgulloso reto,
para que nuestra fama limpia quede,
para vengar la afrenta de su injuria
y por salvar la patria.

Infanta   Si así fuese,
el Dios de las justicias os ayude
y con el triunfo vuestras armas premie.

(Se levantan Arias y sus hijos envainando las espadas, y baja la Infanta del
dosel, apoyada en las Damas.)

Arias   Infanta, permitid que vuestra mano
de este fiel servidor los labios sellen

	para que nuevo aliento a la batalla y nuevo ser a vuestro influjo lleve.
Infanta	¡Pues qué...! ¿Tú, Arias Gonzalo, tú el primero a responder a Diego Ordóñez quieres con las armas salir?...
Gonzalo	¿Cómo?... ¿Mi padre... hijos que en su lugar lidien no tiene? Yo el primero seré...
Diego (Apresurado.)	Yo, que he nacido, Gonzalo, antes que tú...
Pedro (Alterado.)	Pues qué, ¿pretende acaso aventajarme...?
Arias (Con entereza.)	Yo, señora, el guante alcé el primero. Yo quien debe...
Diego	¿Cómo?
Diego y Gonzalo	¡Señor!...
Infanta	¡Oh noble Arias Gonzalo!
Arias (Resuelto.)	Por la patria y por vos ansío la muerte. ¿Quién de buscarla intentará privarme?
Infanta	Vencer y no morir es solamente lo que a Zamora de la injusta afrenta, y a mí salvar, Arias Gonzalo, puede. No a morir, a vencer en el combate ir el que salga en mi defensa debe.

No basta combatir, triunfar es fuerza.
Si bastara el valor, ¡ah!, ¿cuál te excede?
Mas es el tiempo volador, y rompe
los altos muros, los peñascos hiende,
y a los cedros, que altivos despreciaron
la voz del huracán, marchita y vence.
El luchador de juventud lozana,
más que de acero, armado resplandece.
Los hombres...

Arias (Abatido.)   ¡Ah señora! Ya os comprendo.
¡Oh vejez abatida!... ¿Qué pretendes?
¡Dura ley de los cielos, conservarnos
en cuerpo ya sin fuerza un alma fuerte!
Antes de envejecer, fenezca el hombre,
si para ser inútil envejece.
(Saca la espada.)   Y tú, estorbo enojoso, pues mi brazo,
ni quien abone tu pujanza tienes,
(La tira al suelo).   Vete lejos de mí; desdén y olvido,
armas que adorno son, solo merecen.

Gonzalo (Enternecido.)
¡Padre!

Infanta   ¡Amigo!

Arias (Con entereza.) Ya basta. No; no es justo
que de la patria la salud se entregue,
y el honor de Zamora y vuestro nombre
de un anciano infeliz al brazo endeble,
¿Por qué no son, ¡oh Dios!, aquellos días
en que ese acero, que con mengua duerme,
y este trémulo brazo, ya sin brío,
fueron terror de las moriscas huestes,

y de Toledo y de Aragón asombro,
y del rey, vuestro padre, apoyo fuerte?

Infanta   Si aquellos días venturosos fueron,
dejáronte la gloria, que esclarece
tu nombre, Arias Gonzalo, y que es eterna.
Y en estos tres el Cielo te concede
nueva vida y aliento, y nuevas glorias
tu noble sangre su valor enciende.

Arias (Entusiasmado.) ¿Y qué pudiera consolarme, infanta,
de que estas canas en el ocio queden,
sino el pensar que al fin será mi sangre
la que hoy honre a la patria y la liberte?

Infanta   Tu sangre, sí, y tu espada,

(Hace una seña a Gómez, quien recoge la espada del suelo y se la da a la Infanta.)

que este acero
que así desechas, y que injusto ofendes,
será prenda segura de victoria,
y de mi mano lo tendrá el valiente
que al campo ha de salir.

Arias (Decidido.)   Y salga al punto
el que vos designéis.

Gonzalo   Quien salir debe
soy yo, pues de la infanta, caballero...

Diego (Alterado.)   Entre los tres, decídalo la suerte.

Pedro (Adelantándose a todos.)
Yo tan solo...

Infanta
(Conteniéndolos.) Escuchad. Don Diego Ordóñez
del castellano ejército es el jefe,
y ha de igualarle en dignidad y mando
el que salga primero a responderle.
Alcaide es Pedro de la fiel Zamora,
firme caudillo de mis bravas huestes,
y es, a la par, vuestro mayor hermano;
ved, pues, si la batalla le compete.

(Le entrega la espada.)

Pedro (Toma la espada, besando la mano a la Infanta.)
¡Oh instante el más dichoso de mi vida!
Llegó a su cumbre mi felice suerte.

Arias (Entusiasmado, abrazando a Pedro.)
Dame, dame los brazos, hijo mío.
Dichoso tú, dichoso tú mil veces,
que a salvar a la patria eres llamado,
y que el primero que despiertas eres
la noble envidia en mi ardoroso pecho.
Ven, que te quiero armar.

Infanta ¡Dios!..., protegedle.

(Vanse por un lado Arias y sus hijos con los Regidores, Caballeros y Guardias, y por otro, la Infanta, Gómez, Damas y Pajes.)

Acto V

Escena I
Arias y Gómez

Arias (Sale con muestras de resistir un profundo dolor y se sienta junto a la mesa.)
Déjame, Gómez, deja que mis ojos
puedan romper sin mengua en lloro amargo,
pues a la patria con llorar no ofende,
aquí escondido, un padre, un triste anciano,
a quien el Cielo prolongó la vida
para el tormento y el dolor. ¡Aciago
(Pausa.)   mil y mil veces el fatal momento
en que nació Bellido! ¡Cuánto y cuánto
luto y afán a la infeliz Zamora,
y a mí, aun más infeliz, su crimen trajo!
(Pausa.)   ¡Hijo del alma mía!... Sí; mis ojos
te han visto perecer... ¡Desventurado!,
te han visto perecer.

Gómez   Ah!, considera,
señor, que por la patria, y sustentando
la razón y justicia...

Arias (Con entereza.)   ¿Y yo a la patria
dos hijos que me restan niego acaso?
Mueran, sí, todos por la patria, mueran;
mas a un viejo infeliz dejadle el llanto.

Gómez   Si tú, señor, perdiste a tu hijo,
en él hoy pierde el pueblo zamorano
su mejor caballero.

Arias   ¡Gómez!... ¡Gómez!...
          ¡Tú viste cuán valiente y cuán gallardo
          se presentó a la lid! ¡Destino injusto!
          ¿Quién pudiera pensar, cuando mis manos
          le enlazaban el yelmo y la coraza,
          palpitándome el pecho, que ya el brazo
          de la tremenda, inexorable muerte
          sobre su cuello estaba levantando?
          ¡Cielos! Perdona, ¡oh patria!, mi flaqueza;
          mis lágrimas perdona; al grito santo
          de la Naturaleza no resiste
          la más alta virtud del pecho humano...
          ¡Oh desesperación!... ¿Que la justicia,
          que el honroso valor pueden, en tanto
          que la ciega fortuna, a su capricho,
          reparta triunfos y conceda lauros?
          ¿Quién, Gómez, quién imaginar pudiera
          que guerrero tan diestro y esforzado,
          y que tan justa causa defendía,
          no fuese el vencedor? ¡Ay!, del contrario
          la horrenda lanza atravesó aquel pecho,
          dulce esperanza a mis caducos años...
          Yerto el cadáver de mi Pedro yace...
          Su sangre inunda ese funesto campo.
          ¡Pedro! ¡Hijo mío! ¡Oh Dios!

Gómez   Solo pudieron
          con ventaja vencerle. Su caballo,
          rompiendo el freno, sin defensa...

Arias (Despechado.)   Amigo,
          si yo, cual debí hacerlo, despreciando
          súplicas, y respetos, y razones,
          el primero en la lid hubiera entrado,

tal vez...

Gómez   Pues ¿qué, señor...?

Arias (Abatido.)   Gómez, al menos.
                   de haberme dado muerte, el duro brazo
                   del retador soberbio encontrarían
                   fatigado mis hijos, y si acaso
                   ciega fortuna les negaba el triunfo,
                   no sufriera el martirio de mirarlo
                   este padre infelice.

Gómez   No extinguido
                   con Pedro queda tu linaje claro.
                   Otros dos hijos aún te guarda el Cielo,
                   otros dos hijos, cuyo ardor bizarro
                   tu consuelo será, será tu gloria
                   y de la infanta y de Zamora amparo.
                   En la honrosa palestra, en este instante,
                   el valeroso Diego está vengando
                   tu aflicción, a la patria defendiendo,
                   y pronto vencedor vendrá a tus brazos.

Arias (Animado.)   Así lo espero. La horrorosa vista
                   del cadáver sangriento de su hermano
                   y el lloro del dolor y del despecho
                   que Diego vio en mis ojos, inflamando
                   su noble corazón, dará a su saña
                   tan alto esfuerzo, que su espada el rayo
                   será de mi venganza, y de Zamora
                   el honor y defensa.
(Con gran sorpresa.)   ¿Has escuchado?

Gómez (Agitado.)   Rumor de trompas...

Arias	Y confusas voces...
	¡Cuál palpita mi pecho!... ¿Venció?
Gómez	Parto
	a saberlo, señor, y torno al punto
	con la nueva feliz.

(Vase.)

Arias	¡Oh Cielo santo!

Escena II
Arias, solo, levantándose

Arias	¡Corro a abrazarte, Diego ¡Cruda suerte!
	¿Por qué, Pedro infeliz, por qué hijo amado
	no fuiste tú el dichoso y de laureles
	ceñido, no te estrecho entre mis brazos?
	¡Las trompas otra vez!... ¡Diego, hijo mío!
	Mas la infanta... ¡Señora!

Escena III
Arias y la Infanta

Infanta (Con el mayor desconsuelo.)
        ¡Arias Gonzalo!

Arias	¿Dónde está el vencedor?
Infanta	Detente.

Arias (Desasosegado.)   ¿Diego
        no me viene a abrazar?... ¡Señora! ¿El llanto

os embarga la voz?... ¿Calláis?

Infanta
(Con gran dolor.)   ¡Amigo!...
          tu hijo tercero, en este punto al campo
          sale a lidiar, a defender la patria
          y a dar justa venganza a sus hermanos.

Arias
(Cayendo en el sillón.)   ¡Día de maldición!

Infanta   El más funesto
          de cuantos respiré y el más aciago...

(Larga pausa.)

Arias   ¡A mi Diego también!

(Apoya el rostro contra la mesa, sumergido en profundo dolor.)

Infanta   ¿Qué horrenda Furia
          presta el infierno al furibundo brazo
          que así corta la flor de mis guerreros
          y que la atroz calumnia sustentando
          vence a los invencibles? ¿Dónde, dónde
          la justicia y razón tendrán amparo?
          ¿Y aún más víctimas? ¡Ay! ¿Aún otro cuello
          el orgulloso tronchará?...

Arias (Levantándose fuera de sí.)
               Un caballo;
          denme pronto un caballo y una lanza.
          Yo seré el vengador, yo...; aún este brazo...

Infanta
(Conteniéndole.)   ¡Ah!... ¿Qué pretendes?... ¡Desdichado padre!

Arias   ¿Qué pretendo? Morir.

Infanta   ¿Morir?

Arias   La mano
que romper pudo tan preciosas vidas
de con un golpe fin...

Infanta   ¿Dudas acaso
de que el piadoso Cielo de su ayuda
al tercer campeón?...

Arias (Más reportado.)   ¡Ay mi Gonzalo!
              Suyo el triunfo será...

(Cayendo en nuevo abatimiento.)

              ¡Vana esperanza!
¿Qué en mi desdicha y mi dolor aguardo?
¡Infeliz resto de infeliz familia...
En la sangre..., ¡qué horror!, de tus hermanos
ya te están viendo mis marchitos ojos
resbalar y caer.

Infanta (Estremecida.)   Cesa; tu labio
desgarra, sin saberlo, el pecho mío...
¿Qué has dicho...? ¡Oh funestísimo presagio!

Escena IV
Los mismos y Gómez

Gómez (Apresurado.) Venid, venid, don Arias, que a Zamora
          está nueva deshonra amenazando
          al ver los dos cadáveres sangrientos
          yacer en medio del inculto campo;
          el insultante orgullo y alegría
          que ostentan los guerreros castellanos;
          el satánico ardor del fuerte Ordóñez,
          que más víctimas pide en gritos altos,
          de sangre tintas las lucientes armas,
          y al ver que solo ya queda Gonzalo,
          y que en la lid tan joven se presenta,
          enfurecido el pueblo zamorano
          y en desesperación y en ira ardiendo,
          intenta, ciego, atropellar los pactos,
          el seguro romper, y contra Ordóñez
          en tumulto salir. De este palacio
          el pórtico ya invade en roncos gritos
          pidiendo... ¿No escucháis?

Voces (Dentro.) Venganza; al campo.

Arias (Recobrando toda su entereza y con gran indignación.)
          ¿Y donde vos mandáis, donde yo vivo,
          se podrá cometer tal atentado?
          ¿No sostiene la lid un caballero?
          ¿Quién osará faltar a nuestros pactos?
          Llore yo; mas yo solo, que soy padre,
          sin que produzca crímenes mi llanto;
          mueran todos mis hijos, yo perezca,
          si los cielos así lo decretaron;
          mas no se cubra de ignomia horrible
          la ciudad de Zamora. Gómez, vamos.

(Vase.)

Escena V

Infanta, sola

Infanta (Queda sumergida en profundo meditación, y después de una larga pausa, dice como fuera de sí):

	¡En qué mar de dolor mi alma se anega!
	¿Qué importa? Salga el pueblo, haga pedazos
	al orgulloso Ordóñez... Todo, todo
	se pierda, como viva mi Gonzalo.
	¿Qué digo? ¡Oh Dios!
(Pausa.)	Ni sé lo que deseo,
	ni sé lo que me cumple... ¡Injustos astros!
	Sí lo sé... El corazón y el alma toda
	anhelan ver a quien adoro en salvo.
	¿Qué es todo lo demás?... Gonzalo viva,
	viva y perezca el Universo... ¿Acaso
	sin él puedo existir?... En él tan solo
	concentro el mundo todo; mas ¿qué insano
	frenesí de mi mente se apodera?
(Pausa.)	¡Qué horror!... ¡Qué horror!... ¿El furibundo brazo
	de esa Furia infernal, que al fuerte Diego
	y a Pedro el invencible en el letargo
	de la espantosa tumba hundió sañudo,
	también tu cuello hermoso...? ¿Y yo qué aguardo,
	que no corro a poner el pecho mío
	entre tu vida y el furor contrario?
	Sí; yo seré tu escudo...

(Hace ademán de irse, pero se detiene.)

	¡Ay desdichada!
	¿Adónde, adónde voy?
(Pausa.)	Fatal palacio,

dosel, ya potro horrible de tortura,
regia sangre infeliz que, palpitando
en este corazón, eres veneno
de mi amargo vivir... ¡Afortunados
los que en el bosque, en ignorada cuna
nacen y crecen, y tranquilos años
pasan felices en oscura suerte
del poder los desastres ignorando!

(Queda sumergida en profunda meditación, y después de una pausa, al advertir que se acerca alguien, dice sobresaltada):

Alguien se acerca, ¡oh Dios! ¿Qué horrible nueva
voy tal vez a escuchar?

Escena VI
Infanta y Gómez

Gómez   De Arias Gonzalo
                la presencia bastó para que el pueblo
                a su furiosa empresa renunciando
                el éxito del duelo espere en calma
                y respete la fe de lo tratado.
                Tal fuerza tiene y tal valor inspira
                la severa virtud del noble anciano.

Infanta (Agitada.)   ¿Y el hijo que le resta, dónde...?

Gómez   Ahora,
                ¡favorézcale el Cielo!, en lid ha entrado
                con el altivo retador.

Infanta   Y el padre,
                ¡oh padre sin ventura!, ¿querrá acaso

el incierto combate ver?

Gómez   Señora,
si su virtud lo juzga necesario
para animar al pueblo, irá sin duda,
más que los bronces duro, a presenciarlo.
Tal es su fortaleza. Mas sus ojos
hacia la liza ni aun volverse osaron.

Infanta   ¿Y dónde está...?

Gómez   Con Lara y con Manrique,
a quienes hizo riguroso encargo
de guardar bien las puertas, porque nadie
dé auxilio alguno al que sostiene el campo.

Infanta   ¡Inflexible varón!

Gómez   Aquí ya torna.

Escena VII
Los mismos y Arias

Arias (Con gravedad.) Nada temáis. El pueblo zamorano
honra tiene y virtud. Oyó mis ruegos
y oyó la voz de la razón. Los pactos
respetados serán.

Infanta (Inquieta.)   ¿Y el hijo tuyo?

Arias   Sé que combate, y con valor, Gonzalo,
aunque verle no osé;
(Enternecido.) no, que allí mismo
yacen los cuerpos de sus dos hermanos...

¿Cómo mis ojos...?

Infanta   Marcha, marcha Gómez;
               el combate presencia... Ve, y si acaso...

Gómez   Entiendo, entiendo.

(Vase.)

Escena VIII
Infanta y Arias

Arias (Aparentando gran entereza.)
               Y vos, ilustre infanta,
               ¿por qué no vais también a presenciarlo?
               Id, id a contemplar cuán altamente la familia
               infeliz de Arias Gonzalo
               os sirve, y os defiende, y cumple, y llena
               de vuestro augusto padre los encargos.

(Vuelve a su abatimiento y se sienta.)

               Id y dejad a un infelice viejo,
               que esforzarse y luchar pretende, en vano
               con el dolor que le destroza el alma,
               con el rigor del Cielo despiadado.
               Id, sí, dejadme solo, y vuestro esfuerzo,
               esfuerzo en el que manda necesario,
               no enerven, ¡ay!, de un padre los gemidos
               y de un mísero viejo el débil llanto.
               Rinda a Naturaleza su tributo...

Infanta   ¡Ay!... Si vieras mi pecho destrozado,
               y que cuál tú...

Arias (Con viveza.)   Señora, no sois madre;
                       lo que en mí pasa, ni podéis soñarlo.

Infanta (Turbada.)   ¡Arias!, madre no soy...; mas, ¡ay!, mi pecho...
(Resuelta.)   ¿Por qué lo he de negar? Arias, me abraso
                       por ese joven, por el hijo tuyo.
                       Para él solo respiro, le idolatro.
                       En gran peligro está por defenderme.
                       ¿Y negaré mi amor?... ¿Por qué negarlo
                       cuando pasión tan noble me envanece.

Arias
(Con gran sorpresa.) ¿Deliro yo? ¡Señora!... ¿Mi Gonzalo...?

Infanta   Tu Gonzalo es mi amor. Dosel, Zamora,
                     y mi alma entera y cuanto soy le guardo
                     para premiar su esfuerzo y su ternura.
                     Me ama y le adoro; sí.

Arias
(Admirado y confuso.)   ¡Dios soberano!
                     ¿Qué pronunciáis, señora... ¿Vos, nacida
                     en regia cuna, para ser encanto
                     del primer rey del orbe, a un hijo mío,
                     nacido para ser vuestro vasallo...?

Infanta (Con viveza.)   Todo lo iguala amor.

Arias   Lo iguala todo,
                     mas, ¡ay!, que es funestísimo presagio,
                     amor que rompe, esplende y se declara
                     entre guerra, traición y asesinatos;
                     entre los alaridos de la muerte,

entre sangre, y horror, y acerbo llanto.

Infanta
(Con vehemencia.)   Si justo el Cielo le concede el triunfo,
premio de su valor será mi mano.
Si mi resolución es verdadera,
si es fuerte mi pasión, puedes notarlo
al ver que las declaro en este día
que solemnizan infortunios tantos.

Arias (Confundido.)   ¡Señora!... ¿Y yo pudiera...?

Infanta (Sorprendida.) ¡Oh gozo!... Escucha.

Arias (Levantándose apresurado.)
¿Victoria grita el pueblo?...

Infanta
(Fuera de sí de gozo.)   Resonando
victoria el aire está... Triunfó, no hay duda.
Oye cuál cunde el victorioso aplauso.

Arias   ¿Me engaña, ¡oh Dios!, mi débil fantasía?

Infanta (Asiendo por la mano a Arias.)
Cierta es mi dicha. A coronarle vamos.

Arias (Caminando lentamente.)
¡Ay!, aun no osa entregarse el pecho mío
a tal felicidad. Me ataja el paso
hielo espantoso.

Escena IX
Los mismos y Gómez

Gómez (Gozoso.)   Libre está Zamora;
                   y la gloria del triunfo es de Gonzalo.

Infanta   ¿Vive?...

Gómez   Y ya viene aquí.

Arias   Dolor y gozo
                   tienen mi corazón hecho pedazos.

Gómez (Queriendo detener a Arias y a la Infanta.)
                   ¡Qué valor generoso, ¡Qué nobleza!
                   Terrible fue el combate, aunque no largo.
                   Con horrendo furor, lanza con lanza,
                   dos veces los valientes se encontraron,
                   y a la tercera vez, hechas astillas,
                   las tajantes espadas desnudando,
                   con nuevo empuje y con igual arrojo
                   se embisten cuerpo a cuerpo. Tiembla el campo,
                   retumba el eco a los furiosos golpes,
                   chispean los arneses acerados.
                   La fortuna indecisa se mostraba,
                   cuando de Ordóñez tropezó el caballo
                   cubierto de sudor. Nuestro guerrero,
                   noble, como valiente, en gritos altos,
                   retirando la espada, dice: «Ordóñez,
                   álzate y torna en ti, que no combato
                   yo nunca con ventaja.»

Arias   ¡Ay hijo mío!
                   Con ventaja a mi Pedro derribaron.

Gómez   Repuesto Ordóñez, se trabó de nuevo

la terrible contienda. Un fuerte tajo
de la espada enemiga, al hijo tuyo
hirió, rompiendo su bruñido casco,
y vaciló un momento...

Infanta   ¡Oh Dios!

Arias (Con inquietud.)   ¡Acaba!

Gómez   ... y aun cayó sobre el cuello del caballo.
No sé si entonces recibió otra herida.
Mas de pronto, la frente levantando
y esgrimiendo la espada vencedora,
corta las riendas del corcel contrario;
hiere en el cuello a Ordóñez, le derriba
y queda la victoria por Gonzalo.

Infanta   ¡Oh Dios!... Pero ¿está herido?...

Arias   A recibirle
marchemos, sí, marchemos.

Gómez   Ya en palacio
pienso que está. Sí, el pueblo le conduce.

Infanta   ¡Ay!... Ya le veo... ¡Oh Dios!

Arias   De horror me pasmo;
apenas se sostiene...

Infanta (Apoyándose en la mesa.)
¡Ay!, desfallezco.

Escena X

Infanta, Arias, Gómez, Gonzalo (herido de muerte), caballeros, regidores, damas, pajes y guardias

Arias
(Corriendo a su hijo.) ¡Hijo del alma! ¡Ven, ven a mis brazos!

Gonzalo
(Desfallecido.)   Sí; gozoso a morir.

Infanta (Sin poder contener las lágrimas.)
                            ¡Desventurada!...

Gonzalo (Moribundo.) ¡Padre! ¡Señora! ¡Qué lloráis? Vengados
          mis hermanos están, libre Zamora;
          y yo soy venturoso, pues exhalo
          el último suspiro a vuestras plantas.
          Ante ellas pongo de mi triunfo el lauro,
          y de Ordóñez de Lara el fuerte acero.

(Deja a los pies de la Infanta una espada que trae en la mano.)

                    ¡Padre!... ¡Señora!... ¡Amigos!...

(Se desmaya.)

Arias   ¡Mi Gonzalo!

Infanta (Fuera de sí.) ¡Valiente campeón! ¡Héroe glorioso!
                    ¡Oh injusta suerte! ¡Embravecidos astros!
                    Vive como mereces, y recibe
                    el galardón que a tu valor consagro.
                    ¡Oh Dios!... El hielo horrible de la muerte
                    lo embarga ya ¡Gonzalo, mi Gonzalo!

Gonzalo (Haciendo el último esfuerzo.)
                    ¡No me olvidéis jamás!...

(Expira.)

Infanta (Cayendo desmayada en brazos de sus damas.)
                    ¡Ábrete, oh tierra;
          confúndeme en tu seno!

Gómez (Ayudando a Arias a sostener el cadáver.)
                    ¡Cielo santo!
          ¡Funesto día!

(Larga pausa.)

Arias   Libre está Zamora,
          mas, ¡ay!, cuánto le cuesta a Arias Gonzalo!

(Cae el telón.)

Libros a la carta

A la carta es un servicio especializado para
empresas,
librerías,
bibliotecas,
editoriales
y centros de enseñanza;
y permite confeccionar libros que, por su formato y concepción, sirven a los propósitos más específicos de estas instituciones.

Las empresas nos encargan ediciones personalizadas para marketing editorial o para regalos institucionales. Y los interesados solicitan, a título personal, ediciones antiguas, o no disponibles en el mercado; y las acompañan con notas y comentarios críticos.

Las ediciones tienen como apoyo un libro de estilo con todo tipo de referencias sobre los criterios de tratamiento tipográfico aplicados a nuestros libros que puede ser consultado en Linkgua-ediciones.com.

Linkgua edita por encargo diferentes versiones de una misma obra con distintos tratamientos ortotipográficos (actualizaciones de carácter divulgativo de un clásico, o versiones estrictamente fieles a la edición original de referencia).

Este servicio de ediciones a la carta le permitirá, si usted se dedica a la enseñanza, tener una forma de hacer pública su interpretación de un texto y, sobre una versión digitalizada «base», usted podrá introducir interpretaciones del texto fuente. Es un tópico que los profesores denuncien en clase los desmanes de una edición, o vayan comentando errores de interpretación de un texto y esta es una solución útil a esa necesidad del mundo académico.

Asimismo publicamos de manera sistemática, en un mismo catálogo, tesis doctorales y actas de congresos académicos, que son distribuidas a través de nuestra Web.

El servicio de «Libros a la carta» funciona de dos formas.

1. Tenemos un fondo de libros digitalizados que usted puede personalizar en tiradas de al menos cinco ejemplares. Estas personalizaciones pueden ser de todo tipo: añadir notas de clase para uso de un grupo de estudiantes,

introducir logos corporativos para uso con fines de marketing empresarial, etc. etc.

2. Buscamos libros descatalogados de otras editoriales y los reeditamos en tiradas cortas a petición de un cliente.